L44b
323

L'IMPÉRATRICE JOSÉPHINE

ET LA

FAMILLE DE BEAUHARNAIS.

NOTICE

PAR

C.-H. BARAULT-ROULLON,

Sous-Intendant militaire en retraite, officier de la Légion d'honneur, auteur de divers essais sur l'économie politique, membre de plusieurs sociétés philanthropiques et littéraires.

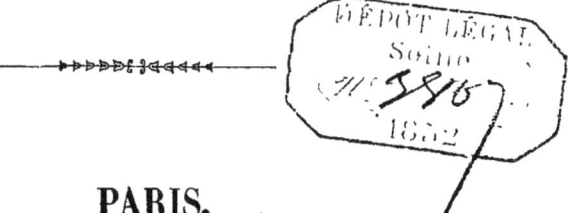

PARIS,

IMPRIMERIE ET LIBRAIRIE ADMINISTRATIVES DE PAUL DUPONT,
Rue de Grenelle-Saint-Honoré, 45,

ET

LIBRAIRIE LEDOYEN, PALAIS ROYAL,
Galerie d'Orléans, n° 31.

1852.

Paris, imp. de Paul Dupont, rue de Grenelle-Saint-Honoré, 45.

NOTICE

SUR

L'IMPÉRATRICE JOSÉPHINE

ET LA FAMILLE DE BEAUHARNAIS.

La plupart des grands hommes, qui sont comme les jalons de l'histoire des peuples, ont eu des compagnes dignes du rôle qu'ils avaient à remplir. Celles qui partagèrent leur gloire surent ajouter à leur auréole ce prisme de la douceur, des bienfaits et de la clémence qui reflète dans les siècles les plus reculés; et l'alliance de deux êtres d'élite a signalé, presque toujours, ces époques fameuses dans lesquelles les destinées des nations se fixent, et leur régénération s'opère.

Parmi celles dont le nom est cher à la nation française, nous nous bornerons à citer : cette *Clotilde* dont les vertus adoucirent le fier Sicambre qui, sous le nom de *Clovis*, mit fin, en 496, à la puissance romaine dans les Gaules et constitua le royaume de France : cette *Berthe* qui, après avoir aidé *Pépin le Bref* à relever la dignité du trône, donna, en 768, le jour à *Charlemagne* dont la gloire et la grandeur eurent pour premier fondement les sages conseils de sa mère : cette autre *Berthe* qui, avec *Robert le Fort*, fils de **Hugues Capet**, fonda, en 996, la troisième dynastie royale en France.

Napoléon, qui, dix siècles après, devait relever les débris épars des institutions et faire surgir, du chaos d'une révolution sociale sans exemple dans notre histoire, cet admirable ensemble d'une organisation appropriée aux besoins nouveaux de la nation française, ne pouvait pas être privé d'une épouse digne de lui. Le ciel la lui réservait ; et la découverte qu'il en fit, par suite d'une bonne action, devait faire planer sur son gouvernement ce charme qui inspire l'affection, quand les grandes œuvres commandent la reconnaissance et le respect.

Joséphine, par son amabilité, par la finesse de son esprit, par la noblesse de ses instincts, par la délicatesse de ses sentiments était appelée à prodiguer à *Napoléon* ces délassements si nécessaires aux rudes travaux, ces tendresses qui assouplissent le caractère, quand une mission bien grave le porte à être parfois sombre et trop sévère.

Tout entier aux immenses devoirs qui lui étaient imposés, aux combinaisons politiques et militaires dont dépendaient le succès et la gloire de ses entreprises, *Napoléon* avait besoin de s'attirer des sympathies auxquelles un abord froid et réservé aurait pu mettre quelque obstacle.

Joséphine s'était chargée de cette tâche, il lui suffisait d'abandonner sa nature à son essor. Tout chez elle était de l'attrait.

Si dans le cabinet de *Napoléon* s'élaboraient ces vastes projets dont la réalisation nous étonne, dans le salon de *Joséphine* se groupaient tous les cœurs nobles, spirituels et gracieux. C'était là que la société française reprenait cette distinction, ce bon goût, cette politesse de langage et de manières que toutes les nations nous envient, et dont, alors, on venait prendre des leçons à la source la plus pure, près de l'impératrice.

Si *Napoléon* fit de grandes choses, *Joséphine* embellit son règne du charme qu'elle possédait au plus haut degré. Aussi le peuple, qui considérait le couple auguste comme le symbole de la perfection dans ses deux natures, ne l'a jamais séparé dans ses souvenirs, sa reconnaissance et son affection.

Ces deux existences étaient indispensables l'une à l'autre, et l'histoire a déjà proclamé ce que la nation éprouva de douleur à les voir disjointes par un mariage politique qui devait si peu profiter au pays. Le peuple ne se trompa pas sur le sacrifice que *Napoléon* s'imposa à lui-même, et s'il lui pardonna d'avoir abandonné une épouse qui avait été comme son étoile tutélaire, c'est qu'il ne tarda pas à reconnaître en lui des regrets que l'avenir n'a que trop pris le soin de rendre bien cuisants, bien amers.

Marie-Louise, du vivant même de son mari, et la mort du duc de Reichstadt, n'ont que trop justifié les appréhensions du peuple que la conduite de l'Autriche avait déjà rendues presqu'intuitives. Des auteurs contemporains s'expriment en termes acerbes sur les impressions que le mariage de l'archiduchesse Marie-Louise, qui eut lieu en mars 1810, excita par toute la France, mais surtout à Paris.

Il est de fait que du second mariage de *Napoléon* date l'origine de sa décadence. Son étoile pâlit, le destin lui montre des rigueurs. Bientôt il ne lui enverra que des revers.....

Il semblait que *Napoléon* se fût dépopularisé en répudiant sa première femme, celle qu'avaient caressée avec lui les premières faveurs de la fortune. Mais, il faut le dire, le peuple qui avait partagé les regrets de *Napoléon* ne tarda pas à sympathiser à ses douleurs. S'il s'était identifié à ses triomphes ; ses revers, sa déplorable captivité l'émurent au dernier point. L'amour du peuple pour l'empereur y prit de nouvelles forces; il n'a fait que grandir dans l'âme de la génération nouvelle qui, dans sa première enfance, après le nom de Dieu, bégayait celui de *Napoléon* qui avait sauvé la France et rehaussé sa gloire.

Mais, avec ce nom, arrivait tout naturellement celui de *Joséphine* inséparable dans la mémoire du peuple. Ce n'est donc pas seulement le génie de *Napoléon* planant encore sur nos destins, mais aussi la grâce ineffable de *Joséphine* qui ont réveillé cette affection dont *Louis-Napoléon* a reçu le plus éclatant témoignage.

Le peuple sait, en effet, que le *prince Louis-Napoléon* descend de *Joséphine*, par la *princesse Hortense Beauharnais* sa mère, et des *Napoléon Bonaparte*, par le frère de l'empereur, le roi de Hollande. Il a résumé en lui toutes les sympathies qui l'animent depuis plus de cinquante ans, et il lui a donné une imposante consécration sous l'égide de deux noms si chers, parce qu'il a espéré en lui pour l'accomplissement de l'œuvre que son oncle projetait et que le fardeau d'une guerre continuelle l'a empêché d'achever : de fonder le bien-être du peuple sur des bases équitables, en faisant la part de l'autorité qui protége et des droits acquis par le développement de la dignité humaine.

Le *prince Louis-Napoléon* est donc le prototype le plus vrai des sentiments français auxquels les nations étrangères rendent elles-mêmes hommage ; car le reflet de la gloire de la famille de *l'impératrice Joséphine* s'étend sur la plupart d'entre elles.

La reine *Hortense* ne devait laisser qu'un fils ; mais *Eugène Beauharnais*, qui fut le bras droit de Napoléon et l'un des premiers parmi les héros des temps modernes, a eu des descendants dont les trônes de *Russie*, de *Suède*, de *Portugal* et d'autres principautés, en Allemagne, s'honorent à bon droit.

Les membres de cette famille n'oublient point, sans doute, leur origine ; ils secondent à l'étranger les sympathies que *Louis-Napoléon* a recueillies et recueille en France.

Retracer leur origine, raviver les liens qui les attachent à la

France, en reportant les regards en arrière sur les faits principaux de leur histoire, nous a paru une chose utile pour l'instruction de la génération présente. Elle connaîtra les alliances sur lesquelles l'influence politique du *prince Louis-Napoléon*, en Europe, a droit de se fonder, et les vicissitudes de sa famille qui sont une garantie des sentiments dont le prince est animé pour le repos et le bonheur de la France.

Le vicomte *Alexandre de Beauharnais*, issu d'une ancienne famille de l'Orléanais, naquit, en 1760, à la Martinique ; il épousa, fort jeune, *Joséphine Tascher de la Pagerie*, née, elle-même, à la Martinique, en 1761.

Ils eurent, de leur mariage, *Eugène*, en 1781 ; *Hortense*, en 1783.

Le vicomte de Beauharnais était déjà général quand il fut député, par la noblesse de Blois, aux états généraux de 1789 ; il fut du nombre des membres qui se réunirent au tiers état et concoururent à la formation de l'assemblée nationale.

Le vicomte de Beauharnais servit avec distinction dans la campagne de 1792. Il se trouvait, au milieu de 1793, à la tête de l'armée du Rhin, lorsque le décret du 13 mars, qui obligeait les nobles à se retirer des armées, vint l'atteindre et le priver de son commandement.

Nommé maire de la commune où il s'était retiré, près de Blois, à sa terre de la Ferté-Beauharnais, il ne tarda pas à être compris dans le décret d'accusation qui frappa un grand nombre de ses anciens collègues. Conduit à Paris et condamné, le général de Beauharnais périt à l'âge de 34 ans, le 23 juillet 1794 (8 thermidor an II).

Mme de Beauharnais, arrêtée en même temps que son époux, et renfermée avec lui à la conciergerie, était destinée à partager son sort.

La mort du général Beauharnais fut le signal de la ruine de sa famille dont toutes les propriétés avaient été saisies et confisquées.

Pendant que Mme de Beauharnais attendait, en prison, le jugement qui devait la rejoindre à son époux, ses deux enfants, *Eugène* et *Hortense* se trouvèrent dans l'abandon. *Hortense* resta dans la maison que sa mère avait occupée, où sa vieille gouvernante prit soin d'elle. *Eugène*, moins heureux, fut mis en apprentissage chez un menuisier.

La mort de Robespierre ouvrit les portes de la prison à Mme de Beauharnais et lui permit de se rapprocher de ses enfants. Réduite à des privations douloureuses pour sa jeune famille, Mme de Beauharnais s'adressa au directeur *Barras* afin d'obtenir la restitution d'une partie des biens qui avaient été confisqués.

Lorsque Mme de Beauharnais fut rendue à la liberté, *Eugène* n'avait pas encore 14 ans; il était trop jeune pour entrer dans un corps; le général *Hoche*, qui s'intéressait à lui, le prit à son état-major et l'employa comme ordonnance auprès de sa personne.

Eugène se trouvait à Paris, le 13 vendémiaire, 5 octobre 1795, au moment où le général *Bonaparte* avait reçu du directeur Barras le commandement des troupes de Paris. L'épée du général de Beauharnais avait été enlevée à sa famille dans le désarmement des habitants de Paris qui venait d'avoir lieu; c'était son bien le plus précieux; *Eugène* était inconsolable de cette perte; il s'enhardit à aller trouver le général en chef. Les larmes aux yeux et avec l'accent d'une émotion profonde, il le pria de lui faire rendre l'épée que son père, général républicain, avait employée à la défense de la République.

Le mouvement de piété filiale et de noblesse d'âme qui avait dicté sa démarche, l'expression touchante de sa réclamation intéressèrent le général Bonaparte, et il le lui témoigna dans les termes les plus flatteurs, en donnant l'ordre de remettre à *Eugène* l'épée de son père, que celui-ci reçut avec le sentiment inexprimable d'une satisfaction empreinte d'un amer souvenir.

Mme de Beauharnais, à qui son fils rendit compte de sa démarche et du succès qu'elle avait eu, ne crut pas pouvoir se dispenser d'aller en remercier le général Bonaparte. Ceux qui ont approché de *Joséphine* et qui ont dépeint sa douceur, sa bonté, les grâces de sa personne et le charme de sa conversation, ont mis à même de comprendre que le général Bonaparte ne pût résister à tant d'attraits réunis.

Cette première entrevue amena une liaison que Bonaparte cultiva avec ardeur. Bientôt une convenance réciproque rapprocha le jeune général, qui déjà posait le pied dans la brillante carrière qu'il devait parcourir, et la veuve d'une victime des aberrations produites par le choc des factions politiques. Le 8 mars 1796, le général *Bonaparte* épousa *Joséphine*.

Eugène, trop jeune pour être nommé officier, resta auprès de sa mère, afin d'achever son éducation, pendant que Bonaparte allait commander l'armée d'Italie. Ce ne fut qu'à la fin de 1797, lorsqu'il eût atteint l'âge de 16 ans, qu'Eugène alla rejoindre son beau-père auprès duquel il resta comme aide-de-camp. Il l'accompagna ensuite dans son expédition d'Egypte. Il se distingua à la prise de *Suez* où il entra, le 8 novembre 1798, à la tête de l'avant-garde. Il fut alors promu au grade de lieutenant.

Bonaparte revint en France le 9 octobre 1799. Son arrivée à Paris excita un enthousiasme universel, et, bientôt, le 18 brumaire mit un terme à la domination avilie du Directoire. *Eugène*, qui avait accompagné le général Bonaparte, fut nommé capitaine des chasseurs à cheval de la garde consulaire.

Eugène suivit le premier Consul en italie et prit part à la bataille de *Marengo*. A la tête de ses chasseurs, il aida à enfoncer la troisième ligne autrichienne. Il fut nommé chef d'escadro sur le champ de bataille. Pendant cette charge, *Eugène* aperçut, devant les rangs de ses chasseurs, un Autrichien, étendu sur la terre, qui tendait des mains suppliantes et implorait la pitié des Français prêts à le fouler aux pieds de leurs chevaux. « Ouvrez les rangs ! » s'écrie *Eugène*, « respect au courage « malheureux ! » L'ennemi abattu fut épargné.

En 1802, il fut promu au grade de colonel; en 1804, l'Empereur le nomma général de brigade. Le 14 juin, jour aniversaire de Marengo, il l'éleva à la dignité de Prince français. Le 1er février 1805, il fut créé archichancelier de l'Empire et le lendemain grand officier de la Légion d'honneur.

Au mois d'avril de la même année, *Napoléon* quitta Paris avec l'impératrice *Joséphine* pour se rendre à Milan, où il devait être couronné roi d'Italie. Il y arriva le 8 mai, après avoir traversé triomphalement la France, et fut couronné le 23. Le 7 juin, le Prince *Eugène*, nommé vice-roi, fut admis à prêter le serment de fidélité.

A son retour de la bataille d'Austerlitz, qui eut lieu le 2 décembre 1805, Napoléon vint à Munich pour célébrer le mariage d'*Eugène* avec la Princesse *Auguste-Amélie*, fille du roi de Bavière. Deux jours après la cérémonie, le 28 janvier 1806, *Napoléon* adopta *Eugène* et lui donna le nom d'*Eugène-Napoléon de France*. L'acte de cette adoption fut proclamé à Milan, le 30, et un décret du même jour détermina que l'héritier présomptif de la couronne d'Italie porterait le titre de *Prince de Venise*.

En 1802, *Napoléon* avait marié *Hortense de Beauharnais* à son frère *Louis*, devenu roi de Hollande, en 1806. Par le sénatus-consulte organique du 29 floréal an XII (18 mai 1804), il fut établi qu'à défaut d'héritier de Napoléon, la dignité impériale serait dévolue à *Joseph Napoléon* et à ses descendants mâles, et, à défaut, à *Louis Bonaparte* et à ses descendants dans l'ordre de primogéniture fixé par ledit sénatus-consulte. La descendance de l'Empereur a été éteinte par la mort du roi de Rome. *Joseph*, marié en 1794 à *Julie Clary*, n'a eu que deux filles, Zenaïde et Charlotte. Sans les changements opérés par les révolutions depuis 1815, le droit à la dignité impériale se trouvait dévolu à *Napoléon-Louis*, fils aîné de la reine *Hortense* : mais, par son décès, survenu en 1831, il a passé à son frère *Charles-Louis*, dit le prince *Louis-Napoléon*, élu par 7,500,000 Français, Président de la République française. Une double voix du destin semble donc avoir appelé le Prince Président à accomplir l'œuvre de son oncle et père adoptif et à conquérir de nouveaux titres à la reconnaissance et à l'amour des Français.

En 1805, le 8 mars, la princesse *Stéphanie de Beauharnais*, nièce de l'impératrice Joséphine, épousait aux Tuileries le grand-duc de Bade. Ainsi, l'affection de Napoléon s'étendait à toute la famille de son auguste compagne, et semblait n'être satisfaite qu'après l'avoir comblée d'amour et de biens à l'égal de sa propre famille.

Arrive la cinquième coalition continentale. L'Autriche vient opposer 500,000 hommes à moins de 200,000 combattants dont l'Empereur pouvait disposer. En avril 1809, s'ouvre la campagne d'Allemagne couronnée par la grande bataille de Wagram. Le prince *Eugène* y prit une part très-active, ne pensant pas, sans doute, que des succès qu'il assurait à l'armée par ses victoires et surtout celle de Raab, il allait voir surgir sa plus grande douleur, son plus grand sacrifice, la rupture du lien qui attachait sa mère chérie à l'empereur Napoléon.

Peu après son retour a Milan, le 14 novembre 1809, le prince *Eugène* fut appelé à Paris pour assister à un acte qui devait avoir et qui eut, en effet, une influence très-importante sur sa carrière politique. Il y déploya cette grandeur d'âme et cette loyauté qui ne l'abandonnèrent jamais. On avait cherché à lui nuire dans l'esprit de l'Empereur, mais son zèle et sa fidélité surent déjouer toutes les tentatives.

Il était cependant une grave question qui préoccupait vivement *Napoléon* et sa famille. C'était de ne point avoir d'héritier direct. Ses adoptions ne paraissaient plus suffire au rôle qu'il remplissait dans le monde, et d'ailleurs les pourparlers du traité de Presbourg avaient fait pressentir qu'il lui serait facile de contracter une alliance qui rehausserait la splendeur de son nom. Il savait que l'archiduchesse *Marie-Louise* pourrait être le gage d'une plus longue paix en Europe et un espoir pour lui d'avoir une postérité qu'il ne pouvait plus attendre de l'impératrice *Joséphine*.

Il fallait, pour parvenir à ce but, rompre les liens qui l'attachaient à la mère du prince *Eugène* et de la *reine Hortense*, qu'il confondait dans des sentiments déjà bien anciens et si bien justifiés. Ces liens avaient été comme le signal de sa gloire et de sa grandeur, comme l'heureux augure de sa puissance. Ce souvenir ineffaçable, les vertus de *Joséphine*, l'amour et la vénération des peuples qu'elle avait si justement mérités firent longtemps balancer *Napoléon*.

Il voulait, avant de consacrer ce grand acte, voir son fils adoptif. C'est à sa raison qu'il voulait devoir une résolution douloureuse : c'est à l'amour de sa mère pour lui qu'il voulait recourir pour l'amener à sacrifier ses propres intérêts à ceux de ses enfants auxquels l'empereur devait conserver tous les droits acquis sur son cœur. Le prince *Eugène* se trouvait dans une position difficile et délicate, placé qu'il était entre ses devoirs de sujet et de grand dignitaire de l'empire et ceux plus sacrés encore que la nature lui imposait envers sa mère.

En arrivant à Paris, les premiers pas du prince *Eugène* furent dirigés vers l'*impératrice Joséphine*. Sa pénible démarche porta le caractère de la droiture et de la loyauté, et ses exhortations furent telles que l'impératrice crut devoir demander une audience où l'on pût s'expliquer sans détour et à cœur ouvert.

Cette entrevue fut douloureuse : l'*Empereur* ne pouvait qu'invoquer l'intérêt et le bonheur de la France, qui exigeaient qu'il eût des successeurs naturels et directs. L'*impératrice* y conserva sa dignité. On rapporte qu'elle s'exprima en ces termes : « Je
« ne crois pas que notre séparation puisse causer votre bonheur,
« je crains plutôt qu'elle ne vous soit nuisible ; mais il n'est rien
« que je ne sacrifie au bien de ma patrie. Cependant que deviendront mes enfants privés de l'appui de leur mère ? Que deviendront les promesses solennelles que vous avez faites ? »

« Arrêtez, s'écria le *prince Eugène,* cessez de vous occuper de
« ma sœur et de moi. Votre séparation doit être l'effet de votre
« conviction, de votre consentement mutuel. » Sa noblesse d'âme et son désintéressement émurent l'Empereur et l'impératrice, et le prince obtint que la dissolution des liens de *Joséphine* et de *Napoléon* prît le caractère convenable d'un consentement réciproque.

Joséphine descendait ainsi noblement d'un trône qu'avaient mérité ses vertus. Le moment fatal arriva.... L'acte devait être lu par l'impératrice elle-même, comme agissant par sa volonté propre. Les consolations, la tendre affection de ses enfants lui avaient rendu quelque courage. Mais, c'est en vain qu'elle voulut surmonter ce dernier moment d'amertume ; les sentiments qui l'oppressaient, qui la déchiraient étouffèrent sa voix tremblante... Le papier fatal échappa de ses mains.... Le chancelier acheva la poignante lecture.

Le 16 décembre 1809, le prince *Eugène,* ou plutôt l'*archi-*

chancelier d'État de l'empire français, annonçait au sénat la dissolution du mariage de Napoléon et rendait compte de ses motifs.

Quelle que fût désormais la séparation cruelle de l'*Empereur* et de *Joséphine*, l'ancienne impératrice conservait, dans le cœur de son ancien époux, une place que *Marie-Louise* ne put lui enlever, et dans l'affection du peuple français ce grand retentissement de la douleur qu'il avait éprouvée en 1809, et qui se réveilla bien plus grande quand on fut convaincu que le second mariage de l'Empereur n'avait été d'aucun poids dans la balance de ses destinées et de celles de la nation française.

Le prince *Eugène*, retourné à Milan, continua d'y faire le bonheur du peuple italien. Il s'arracha à son amour pour voler au secours de la France quand les sinistres événements du Nord vinrent accabler nos aigles. Après s'être signalé à *Mohilow*, à la *Moskowa*, à *Krasnoï*, etc., il ramena l'armée jusqu'à *Magdebourg*, remplaçant l'Empereur dans le commandement en chef, et s'acquittant, par une retraite universellement admirée, de la mission si épineuse de rallier les débris de nos phalanges écrasées par la rigueur des frimats et les canons d'un ennemi formidable.

Victime de son dévouement absolu à son père adoptif, le prince *Eugène* succomba avec lui le 26 avril 1814. Retenu à *Vienne*, pendant les événements de 1815, il ne put donner à la France, sa première patrie, les dernières preuves de son attachement pour elle. Ce fut son plus grand chagrin ; il l'a conservé jusqu'à sa mort, survenue le 21 février 1824.

L'*impératrice Joséphine* ne survécut point aux désastres de la France ; elle succombait en 1814.

La *reine Hortense* put lui rendre les derniers devoirs. Elle était restée en France après l'entrée des alliés, protégée par le respect qu'elle et sa mère inspiraient aux monarques étrangers. Pendant les cent jours, elle environna *Napoléon* des consolations dont il avait tant besoin au milieu des déceptions de son cœur et des coups qui venaient fondre sur lui. Elle a reçu ses derniers adieux avant son départ pour cette terre qu'il croyait hospitalière, et où une vengeance, digne de peuples sauvages, devait s'appesantir sur le grand homme qui a tenu dans ses mains, pendant quinze ans, les destinées du monde.

Les enfants du prince *Eugène*, marchant sur les traces de leur père, ont, en s'asseyant sur des trônes, ou sur leurs premiers degrés, donné à l'Europe cet exemple mémorable d'une grande élévation conquise par une gloire et des vertus incontestées et incontestables.

Le prince *Eugène* a laissé : le *duc de Leuchtenberg* qui épousa la reine de *Portugal, Dona-Maria*, et mourut en 1835 : *Joséphine*, mariée à *Oscar Bernadotte*, aujourd'hui reine de *Suède : Eugénie*, mariée au prince *Hohenzollern-Héchingen : Amélie*, mariée à *Don-Pedro, empereur du Brésil : Thédolinda*, mariée à un prince de *Wurtemberg*, et enfin, le *prince Maximilien*, qui a pris le titre de *duc de Leuchtenberg*, depuis la mort de son frère aîné, et qui a épousé, en 1839, l'une des princesses filles de l'empereur de *Russie*.

Quant à la *reine Hortense*, décédée en 1837, elle a laissé à la France, le *prince Louis-Napoléon*, qui était prédestiné pour arracher d'une horrible catastrophe le peuple objet de tout l'amour et de tous les vœux de *l'Impératrice Joséphine*.

Hippolyte BARAULT-ROULLON.

185

www.ingramcontent.com/pod-product-compliance
Lightning Source LLC
Chambersburg PA
CBHW061525040426
42450CB00008B/1792